8:Y tk
503

L'AMANT ARBITRE,

COMÉDIE

en un Acte et en Vers.

AVIS DU LIBRAIRE.

Je mets la présente édition, sous la sauvegarde des lois et de la probité des citoyens. Je déclare que je poursuivrai, devant les tribunaux, tout *contrefacteur, distributeur* ou *débitant* d'éditions contrefaites, et que j'accorderai à quiconque me les fera connaître, la moitié de ce que la loi accorde. — Pour eviter que le Public ne soit trompé, tous exemplaires vendus seront signés de moi. A Paris ce 25 thermidor an 7 de la république française.

L'AMANT ARBITRE,
COMÉDIE
en un Acte et en Vers,

PAR SÉGUR, le jeune,

REPRÉSENTÉE pour la première fois, à Paris, par les Artistes de l'ODEON, le 13 Thermidor An 7.

Prix un franc.

A PARIS;
AU SALON LITTÉRAIRE,
au Palais Égalité, Galerie de pierres, N°. 146 et 147, côté de la rue des Bons-Enfans.

Les exemplaires ont été fournis à la Bibliothèque Nationale.

PERSONNAGES.	ARTISTES.
Madame de LURCÉ.	La C. Delille.
Monsieur de LURCÉ.	Le C. Dorsan.
VOLNY, Avocat.	Le C. Barbier.
Un LAQUAIS.	Le C. Valville.

La Scène est à Paris : le Théâtre représente un Salon. A droite une porte donnant dans l'appartement de Madame de Lurcé; sur la gauche, deux petites portes : l'une donnant dans un boudoir, l'autre dans un escalier dérobé. Dans le fond est l'appartement de Mad. de Lurcé. Sur le premier plan du Théâtre, à gauche est une table et un fauteuil sur lequel se trouve Madame de Lurcé, quand la toile se lève.

L'AMANT ARBITRE,

COMÉDIE.

SCÈNE PREMIÈRE.

MADAME DE LURCÉ (*seule.*)

Elle est assise quand la toile se lève.

Quel sera le succès du parti que j'ai pris ?
Prête à briser des nœuds, des nœuds longtems chéris,
A fuir Lurcé; l'époux qui semble m'y contraindre !
Par un secret écrit, *sans nom*, je lui fais craindre
   l'homme de loi qu'il a choisi.

 (*Elle se lève.*)

Qui donc pût lui parler en faveur de Volny ?
   Dans son état, le seul peut-être,
Sur lequel il devait ne pas jeter les yeux.
   Hé quoi ! ne puis-je pas connaître
Quel but il peut avoir ? est-il injurieux ?
   Ou n'aurait-il qu'un motif légitime ?
Peut-être est-il guidé par la publique estime ?
Je m'y perds : vainement je veux y réfléchir...
  Cruel époux ! jouis de ton ouvrage,
  Grace à tes torts, enfin, je me dégage !
Tu connaitras, un jour, à tes remords secrets,

Le cœur que tu perdis !... inutiles regrets !
Rien ne ramenera mon ame courroucée,
Non, trop profondément, ingrat, tu l'as blessée !
Non, je ne t'aime... plus !.. les pleurs qu'en ce moment
Je ne puis retenir, tiennent à ma faiblesse.
Puis-je te conserver encor quelque tendresse ?
  Garde-t-on seule un sentiment ?
De quels ennuis secrets je me sens accablée !
Que je suis malheureuse ! inquiète, troublée !....
Ce qu'éprouve mon cœur ne peut se définir.
Volny n'arrive point ! j'ai cru très nécessaire
D'éssayer de le voir en secret la première ;
Peut-être de ma peine, hélas ! il va jouir.
  (*Elle sonne; un laquais paraît.*)

SCÈNE II.
Un LAQUAIS, Mad. DE LURCÉ.
Mad. DE LURCÉ.

Restez ici ; quelqu'un doit y venir ;
Il se nomme Volny. Chez moi je vais écrire.
Dès qu'il arrivera vous viendrez me le dire,
Vous le prierez de m'attendre un moment,
Sans dire un mot de plus. Songez exactement
  A suivre l'ordre que je donne.
Le LAQUAIS.
Oui, Madame.
Mad. DE LURCÉ.
  Ecoutez : si quelqu'autre venait,

Hors, pour cet avocat, je n'y suis pour personne:
(*Elle entre chez elle.*)

SCÈNE III.
LE LAQUAIS (*seul.*)

Pour preuve de bonheur, tous deux on les citait !
Mais quand on s'aime, est-ce qu'on se sépare ?
Ils s'aiment, et beaucoup ! leur conduite est bizarre.

SCÈNE IV.

Le Laquais, VOLNY *qui entre par la petite porte, précédé d'un Laquais qui sort après l'avoir introduit.*

VOLNY (*au Laquais qui l'attend.*)

Madame de Lurcé ?

LE LAQUAIS.

Votre nom ?

VOLNY.

L'on m'attend,
Je me nomme Volny.

LE LAQUAIS.

Je m'en vais à l'instant.
La prévenir, dans son appartement.
(*Il entre chez sa maîtresse.*)

SCÈNE V.
VOLNY seul.

Madame de Lurcé veut qu'avec grand mystère,
On me conduise ici : ce salon est le sien.
Elle exige de moi ce secret entretien.
Longtems, et sans espoir, je désirai lui plaire ;
Résistant constamment aux soins les plus suivis,
Pour un amour si vif, je n'obtins d'autre prix
   Que de me voir banni loin d'elle !
Soumise à ses parens, un rival plus heureux
   Qu'un amant tendre et si fidèle,
   L'épouse, hélas ! presqu'à mes yeux.
Le mécontentement vient troubler leur ménage ;
   Ils songent à se séparer.....
Et c'est dans cet instant, que ce secret message
   Près d'elle ici vient m'attirer.
   Que croire ? un instant de caprice
   La porte-t-elle à me revoir ?....
   Non ; rendons lui plus de justice.
Ce qui l'offenserait peut-il se concevoir ?
  Ah ! respectons celle qui me fut chère !
Son cœur est pur. Pour finir quelqu'affaire,
De moi, sans doute, elle attend un moyen !
L'avocat seul l'occupe, et l'amant n'est plus rien.
  Mais la voilà ! je la trouve embellie !....
(*Mad. de Lurcé paraît et regarde du côté de l'appartement de son mari.*)

Ce moment va peut-être encor troubler ma vie!
Son regard dans mon cœur, hélas! a rallumé
Le feu trop mal éteint, dont je fus consumé!

SCÈNE VI.

VOLNY, Mad. DE LURCÉ.

Mad. DE LURCÉ.

Volny, vous me trouvez inquiète, agitée;
Après avoir été si longtems sans vous voir,
Je vous rappèle ici,... peut-être sans savoir
Si ce n'est pas un tort!.... enfin, j'y suis portée
Par un motif prudent.

VOLNY.

Votre cœur m'est connu.

Mad. DE LURCÉ.

Ne m'interompez pas; je tremble qu'on ne vienne.
Il se peut qu'avec vous, mon époux me surprenne,
Alors mon espoir est perdu.

VOLNY.

Se pourrait-il?.....

Mad. DE LURCÉ.

Volny, je pense
Qu'ici tout doit vous étonner.
Mais la marque de confiance
Que je me plais à vous donner
Tient à l'estime et profonde et sentie

Qu'à tous, vous savez inspirer,
Et plus encor à votre ancienne amie.
VOLNY.
Puis-je savoir ce que peut désirer
Celle que toujours je révère?
Ah! d'avance je dois chérir
L'occasion qu'elle daigne m'offrir
De la servir et de lui plaire.
Mad. DE LURCÉ.
Vous avez cru mon destin des plus doux.
Mais apprenez que mon époux
Me cause des chagrins que bien peu je mérite.
C'est vainement que près de lui j'évite
Tout ce qui peut lui déplaire ou l'aigrir,
Je ne puis pas y réussir,
Et nous nous séparons.
VOLNY.
Madame!
C'est un tourment bien cruel pour mon ame,
De songer qu'inutilement
Je vous sacrifiai le plus pur sentiment.
Au moins m'eût-il fallu vous voir calme et tranquille,
Après un sacrifice, hélas! si difficile?
Mad. DE LURCÉ.
Volny, ne rappelez-en rien,
Vos sentimens; ou bien rompons cet entretien.
VOLNY.
Je vous obéirai sans doute.

Parlez, Madame, et sans retard ;
Mais sachez tout ce qu'il m'en coûte.

Mad. DE LURCÉ.

Soit par adresse ou par hasard,
On dit que mon époux désire
Vous prendre pour arbitre, en tous nos différends.
Mais si votre esprit, vos talens,
Votre équité, l'estime qu'elle inspire
Fait trouver son choix naturel,
Peut-être il peut sembler étrange,
Et cacher un calcul cruel,
Par lequel finement l'adroit Lurcé se venge
Des rapports innocens que j'avais avec vous,
Avant qu'il devint mon époux.
Je sais qu'aisément l'on peut croire
Qu'il ignorait votre amour, vos projets.
Quoiqu'il en soit, le passé, ma mémoire
Me causerait des embarras secrets.
Puis-je espérer en cette circonstance,
Que par égard et par prudence,
Vous vous refuserez au choix de mon époux
S'il a jeté les yeux sur vous ?

VOLNY.

Il m'a choisi : je ne puis m'en défendre ;
Et comme vous, ce choix doit me surprendre.
Jugez sur-tout de mon étonnement
Quand ce matin, dans le même moment,
Sans que de rien on me prévienne,
On me remet votre lettre et la sienne ;

L'une pour faire un plan de séparation,
L'autre pour me trouver près de cette maison,
Afin d'y pénétrer ce soir avec mystère.
Je ne devais qu'obéir, et me taire.
D'abord auprès de vous je me rends un instant,
Et vais chez votre époux, Madame, en vous quittant.

Mad. DE LURCÉ.

Que ce hasard qui nous rassemble
Va me coûter de peine et d'embarras!
Mais vous pouvez bien, ce me semble,
Trouver quelque prétexte....

VOLNY.

Eh! mais je n'en vois pas.
En ne pensant pas vous déplaire,
J'ai cru devoir accepter cette affaire.
Je ne pourrais plus décemment
La refuser en ce moment.

Mad. DE LURCÉ.

Mais que veut mon époux? Comment lire en son ame?
S'il connait la secrette flamme
Que je vous inspirai, son but est révoltant.

VOLNY.

Je n'en crois rien; si par quelques talens
Le Public indulgent me distingue et m'honore,
Cela seul, je le crois encore,
Sut lui parler en ma faveur.

Mad. DE LURCÉ.

J'ai besoin de le croire.

VOLNY.

Enfin de votre cœur,
Lurcé va sans retour être banni?

Mad. DE LURCÉ.

Vous-même
Si vous aviez connu sa conduite et ses torts,
Vous me décideriez à ces cruels efforts
Qu'il faut pour s'éloigner de l'objet....

VOLNY.

Que l'on aime.

Mad. DE LURCÉ.

Moi, je ne l'aime plus; despote, indépendant,
Attentif par calcul, léger, mais exigeant,
Sans amour, plein de jalousie,
Soigneux par habitude, et sans aucun attrait :
Voilà le détail de sa vie,
Son caractère et son portrait.

VOLNY.

Mais on dit son esprit aussi fin qu'agréable.

Mad. DE LURCE.

Hélas! on n'est pas plus aimable.
Se livre-t-il à la gaité?
L'éclat piquant de ses saillies
Fait mieux valoir les traits de sensibilité
Dont elles sont toujours suivies.
Sous un air de frivolité
Et des dehors légers, futiles,
Il unit la solidité

A des connaissances utiles.
Cause-t-on avec lui ? de son instruction
Il vous donne les fruits, mais sans pédanterie,
Et dans la conversation
Par son talent, son adresse suivie,
On se sent plus d'esprit, plus d'ame en l'écoutant ;
Et l'on croit avoir su tout ce qu'il vous apprend.

VOLNY.

Sont-ce la vos griefs !

Mad. DE LURCÉ.

Ah, Volny, je m'oublie !

VOLNY.

Vous ne l'aimez qu'à la folie !

Mad. DE LURCÉ.

J'ai cessé de lui plaire, et je dois le haïr.
Comptant bientôt rompre ma chaîne,
De ce qu'il peut ou faire, ou devenir !
A présent je m'informe à peine.
Je suis loin de vouloir pénétrer ses secrets....
Dans sa lettre, il vous dit sûrement ses projets ?
Par l'apparence, tout assure
Qu'il veut hâter notre rupture ;
C'est combler mes désirs ; mais je voudrais savoir
Si quelque autre raison, que je ne puis prévoir,
Ne dirige pas sa conduite.
Ah! ce n'est pas sans dessein qu'il me quitte?
Peut-être un autre objet....

VOLNY.

J'ignore absolument....

Mad. DE LURCÉ.

Mais vous devez me parler à présent.
Vous sentez que la jalousie,
Dans un ame aussi bien guérie,
Ne peut plus se glisser.

VOLNY.

Sans doute, on le voit bien.....
Mais en honneur je n'en sais rien.

Mad. DE LURCÉ.

N'espérant plus charmer sa vie,
Vous êtes sûr que toute mon envie
Est de le voir content, heureux;
Et fallût-il qu'il formât d'autres nœuds?
J'aurais le bon esprit, et la délicatesse,
De l'apprendre avec joie, ou du moins sans tristesse.
(*Les portes s'ouvrent; on voit paraître dans le fond,
Lurcé qui lit une lettre.*)
Parlez!... Ciel.... mon époux! contentez mon désir;
Si vous voulez le voir, sortez pour revenir :
Que de notre entretien il n'ait point connaissance;
J'attends ce procédé de votre complaisance.

(*Elle rentre chez elle.*)

SCÈNE VII.

VOLNY, *à part.*

Je sens trop en la revoyant;
Que le tems ne peut rien sur un vrai sentiment.
(*Il sort par la petite porte par où il est entré.*)

SCÈNE VIII.

LURCÉ, seul.

(*Il entre par le fond, tenant une lettre à la main.*)

Oui, je déteste une lettre anonyme.
Qui l'écrit, à mes yeux, a perdu toute estime;
Et sur ce qu'elle apprend, on doit compter si peu,
Qu'il faut, sans y penser, la destiner au feu.
Mais celle-ci, pourtant, a certain caractère
Qui n'a point le cachet d'un libelle ordinaire.
    Sans que la haine ait rien dicté;
Il semble que, sans fiel et sans méchanceté,
    Cet inconnu ne m'avertisse
    Que pour me rendre un bon office.
              (*Il lit.*)

« Lurcé, cet avocat, qui fut choisi par vous,
   » Ce Volny dût être l'époux
   » De votre femme; et votre mariage
» Le mit au désespoir. Il me semblerait sage
   » De confier vos plans et vos secrets
» A quelqu'un qui parut plus dans vos intérêts. »

Il voulait l'épouser ! elle aurait su lui plaire !
Non, j'en serais instruit, c'est une fausseté.
    Mais pourtant dans la vérité,
Sur ce point essentiel, il faut que je m'éclaire :
    Voyons s'il veut de cette affaire,
    Se charger pour mieux me trahir.

Contre tous ses conseils je puis me prémunir ;
  Et pour ma femme.... Ah ! de cette cruelle,
   Comptant enfin me séparer,
Croyons bien qu'elle veut contre moi l'attirer :
   J'ai grand besoin d'armes contr'elle.
  Oui, c'en est fait, gardons cet avocat.
   On dit qu'il est dans son état,
    Le plus estimé qu'on connaisse ;
Il eut ma confiance; eh bien ! je la lui laisse.

SCÈNE VIII.
LURCÉ; VOLNY.

(*Volny entre par le fond, précédé d'un domestique.*)

LURCÉ.

Vous venez à propos, et je pensais à vous.
   Point de complimens entre nous,
Causons; car n'ayant eu de procès de ma vie,
   En chicane n'entendant rien,
Du choix d'un avocat, va dépendre mon bien.
   Vous unissez le talent au génie,
    Ici, partout, on le publie.
    Je vous remets mes intérêts.
    De ma femme sans nul procès,
Je veux me séparer : je crois ma confiance
   Remise en de fort bonnes mains.

VOLNY.

Comptez sur tout mon zèle à servir vos desseins.

LURCÉ.

Je crois qu'autant la méfiance
Nous sert mal, et nous nuit toujours;
Autant un abandon, sans nulle réticence,
Peut nous être d'un grand secours.
Emparez-vous de mon affaire,
La finir promptement est surtout nécessaire.

(*A part.*)   (*A Volny.*)

Il faut l'interroger. — Sans doute plus heureux
Et plus prudent que moi, du joug du mariage,
Vous ne gémissez pas; en homme libre et sage,
Vous vivez sans tourmens?

VOLNY.

Il est vrai.

LURCÉ.

Quoi! vos vœux
Furent-ils dirigés toujours par la prudence?
Jamais aucun Hymen ne put-il vous tenter?

VOLNY.

Mille raisons devaient m'en écarter.
Né sans bien, on ne peut rechercher d'alliance;
Et livré tout entier au devoir d'un état,
Tout me portait au Célibat.

LURCÉ, *à part.*

On m'a trompé....

VOLNY.

Souffrez que je vous dise
Combien votre dessein me cause de surprise,

Madame de Lurcé réunit à-la-fois
Tout ce qui détermine et peut fixer un choix ;
Brillante de beauté, rien, dit-on, ne l'efface,
Si ce n'est son esprit, son piquant et sa grace.
Vous l'abandonneriez !... C'est un moment d'humeur.

LURCÉ.

Comme il en parle avec chaleur !
Vous l'avez rencontrée ?..

VOLNY.

En parlant ainsi d'elle,
De ce qui la connait, je suis l'écho fidèle.

LURCÉ, *à part.*

L'a-t-il aimée ? — Est-ce une erreur ?
Rien ne peut éclaircir mon doute.

(*Haut.*)

Raisonnons sur mon plan. — Allons, je vous écoute.

VOLNY.

Un moment ; avant d'être, ou juge, ou défenseur,
Je suis toujours un conciliateur,
Je vous en avertis.

LURCÉ.

Votre but est honnête,
Vous le pouvez ; mais vainement
Votre prudence, en ce moment, s'apprête
A chercher entre nous quelqu'accommodement.
Votre conscience est tranquille ;
Ayant voulu remplir votre devoir,
Discutons donc mes droits.

VOLNY.

J'ai l'ame moins mobile ;

B 2

A ce que la raison peut me faire vouloir
Je tiens, et fortement ! au point que je désire
Encore une entrevue....

LURCÉ.

Entre ma femme et moi ?

VOLNY.

Eh, oui, sans doute; et le but où j'aspire ;
Votre intérêt, tout vous en fait la loi.

LURCÉ.

Vous n'avez nulle connaissance
Du caractère et de l'indifférence
De celle que j'aimais; allez, on le voit bien :
Pourriez-vous, sans cela, garder quelqu'espérance ?

VOLNY.

Ayez encore un entretien.
Après cela....

LURCÉ.

Non, non, c'est inutile.
(*Il lui montre un portrait de sa femme sur une boîte.*)
Tenez, voyez ces traits charmans,
C'est son portrait : par son pinceau facile,
L'artiste a saisi les momens
Où l'on peut la croire sensible,
Où ses regards joignent à la beauté,
Tout l'attrait de la volupté !...
Je le conçois : on ne croit pas possible
Qu'avec cet air plein de douceur,

On ne possède pas la plus tendre candeur.
Vous voyez cette bouche, et vermeille et riante,
Dont la fraîcheur attire, et dont la grace enchante,
Ne semble-t-elle pas arrêter un soupir
Qui s'échappe, et qu'envain elle veut retenir ?
   Par le plus aimable sourire,
Enivrer tous les cœurs, inspirer le délire ;
Et dans tous les instans, ne pouvoir s'entrouvrir
Qu'aux aveux de l'amour, aux flammes du plaisir.

VOLNY.

Je ne dispute rien, et j'admire au contraire,
  Par quelle adresse elle parvient à plaire
   A celui qui veut la haïr,
   Et qui ne songe qu'à la fuir.
Même en la détestant !... vous lui rendez justice.
  ¡ Ah ! c'est très-bien de votre part.

LURCÉ.

Qu'importe si j'ai pu la louer au hazard !
Il faut que mon dessein à l'instant s'accomplisse.

VOLNY.

  Pardon, mais jusqu'à ce moment,
  Je n'ai pas trop conçu vraiment
  Les torts dont votre cœur l'accuse.
  Ce n'est pas que je me refuse
A croire à vos griefs; mais en les cherchant bien,
  En honneur je ne trouve rien ;
  Non, rien, autant qu'il m'en souvienne,
  Sur ce point ne peut m'éclairer.
  D'embarras daignez me tirer :

Est-ce votre faute ou la mienne ?
LURCÉ.
Mais permettez : messieurs les Avocats
Sont juges de nos droits, et non de nos débats.
Je pourrais donc vous dire, en franchise sévère ;
Que ceci ne tient point à votre ministère.
VOLNY..
Ah ! je suis bien de votre avis,
Et j'anticipe un peu sur le droit des amis ;
Quoiqu'avocat, j'ai la manie
D'aimer qu'on se réconcilie.
LURCÉ.
Vos confrères en vérité,
Ne sont pas vos rivaux en cette qualité.
VOLNY.
Ah ? que ne veulent-ils m'en croire !
J'ai souvent mis toute ma gloire
A calmer des esprits, disposés à s'aigrir,
Qui, faute de s'entendre, allaient se désunir.
Je préfère cette victoire
Aux applaudissemens d'un nombreux auditoire.
On a toujours, en suivant mes avis,
Moins de clients, et plus d'amis.
LURCÉ.
Volny, vous m'inspirez une profonde estime !
(A part.)
Le soupçonner serait un crime :
Voilà l'homme, qu'on ose ici calomnier !

Pourrais-je sans rougir encore m'en méfier ?

(*A Volny.*)

Mon cher, dites moi, je vous prie;
Ne croyez vous pas que l'envie
Vous ait donné mille ennemis ?

VOLNY.

Qui n'en a pas! on est soumis
A ce malheur commun: ne pouvant les combattre,
Sans trop les mépriser, ni m'en laisser abattre;
Comme c'est vainement qu'on veut les éviter,
J'espère au moins ne pas les mériter;
Et c'est à quoi je tends.

LURCÉ.

Votre aimable franchise
Encourage la mienne. Il faut que je vous dise
A quel point on osait être injuste envers vous !
Vous m'en voyez tout en courroux.
Lisez.

(*Il lui donne la lettre anonyme.*)
Volny lit.

Eh bien ?

VOLNY, *lui rendant la lettre.*

Je ne puis rien répondre.

LURCÉ.

Comment ! lorsque d'un mot vous pouvez les confondre...

VOLNY.

Je me contenterai de dire seulement
Qu'à votre place, en ce moment,

J'aurais, par cet écrit, beaucoup de méfiance ;
Et que, suivant une sage prudence,
Je ne garderais pas alors l'homme de loi,
Dont je pourrais trop soupçonner la foi.

LURCÉ.

Eh bien, c'est en cela que notre avis diffère :
Voilà le cas que l'on doit faire
De cette lettre. Elle ne nuit
Qu'à la main qui me l'écrivit.

(*Il déchire la lettre.*)

Je m'abandonne à vous, et sans nulle réserve.
Ah ! que du moins ce moment serve
A prouver aux méchants, que leurs complots secrets
N'ont pas toujours même succès.

VOLNY.

A ce sentiment qui m'honore,
Je ne puis que répondre en vous offrant mes soins.
Mais je vous le répète encore,
Ne vous refusez pas du moins
A mon désir ; renouez votre chaine.
On croit en divorçant, éviter une peine,
C'est que l'on ne voit qu'elle, et que dans l'avenir
On se jète en aveugle, et sans bien pressentir
D'autres chagrins qu'on se prépare.
Quelle est donc la femme assez rare
Pour être sans défauts ? Loin de s'en irriter,
Ne pouvant les détruire, il faut les supporter.
Peu de gens sont heureux, mais fait-on la folie

De vouloir pour cela renoncer à la vie ?
De même aussi, nos imperfections,
Ne doivent point rompre nos unions.
Oui, le divorce est bon, moins pour en faire usage
Que pour servir de frein ; on sait qu'on se dégage,
Que la loi nous permet de dissoudre nos nœuds ;
Un nuage s'élève, on se dit tous les deux
Craignons les suites dangereuses,
Des disputes, et de l'aigreur !
Dans des discussions fâcheuses
Apportons un peu de douceur ;
Savons-nous où peut nous conduire
Cet état odieux de guerre et de tourmens ?
Peut-être, hélas ! il peut détruire
Des liens chéris si longtems.
On s'adoucit, chacun se passe
De légers torts avec plaisir.
Par le présent, tout le passé s'efface....
Heureux qui du divorce ainsi sait se servir !
Ah, c'est pousser trop loin la résistance
Il faut voir votre femme ; allons, par complaisance.

LURCÉ.

Vous le voulez, entrez, là, dans ce cabinet,
D'où vous pourrez tout entendre en secret.
(Il sonne ; un laquais vient.)
Si ma femme est ici, priez la de se rendre
Dans ce salon où je m'en vais l'attendre.
(Le laquais entre chez Mad. de Lurcé.)

VOLNY.

J'aime peu ce moyen que vous me proposez.

LURCÉ.
Eh quoi! vous vous y refusez?
VOLNY.
Non, mais sans qu'elle soit de ceci prévenue....
Qu'à son insçu j'écoute!
LURCÉ.
Est-ce donc la trahir?
Vous exigez une entrevue?
Moi, j'y consens pour en finir;
Témoin de mes efforts, lors vous pourrez y croire.
J'entends du bruit, entrez.

(*Volny entre dans le cabinet.*)

SCÈNE IX.
LURCÉ *seul.*

C'est clair, c'est une histoire
Qu'on se plût à forger, pour le rendre à mes yeux
Et suspect et même odieux.
S'il fallait parier, je gage sur mon ame
Que peut-être jamais, il n'apperçut ma femme.

SCÈNE X.
Mad. DE LURCÉ, M. DE LURCÉ.

Mad. de Lurcé paraît et reste un moment près de sa porte.

Mad. DE LURCÉ *à part.*

Se peut-il qu'il désire encor m'entretenir!
Sans nul fruit, cet instant, va me faire souffrir.

LURCÉ.

Je sens que vous devez, Madame, être étonnée
  Que ce moment me rapproche de vous.
  Mon avocat, de son devoir jaloux,
A cru qu'à nous revoir tient notre destinée :
  J'ai cédé mais sans nul espoir.

Mad. DE LURCÉ.

  Croyez que je savais d'avance
Que vous me rappeliez par simple complaisance.

LURCÉ, à part.

Tandis que pour jouir du bonheur de la voir
Avec Volny, mon cœur semblait d'intelligence!

(A sa femme.)

Voilà bien les soupçons, qui sont la récompense
De l'amour le plus vrai !....

Mad. DE LURCÉ.

  Surtout le plus constant.

LURCÉ.

Des preuves!.....

Mad. DE LURCÉ.

  En-a-t-on? l'on juge au sentiment
Et la conduite, et si l'on est fidèle.
  Faut-il qu'ici je vous rappèle
  Vos torts, votre légèreté?

LURCÉ.

Rappelerai-je moi, votre frivolité?
  Peindrai-je toute ma constance
  A vaincre votre indifférence?
  Hélas! mon sort pouvait être envié!
  Eh! qu'ai-je fait? je n'ai rien oublié

De ce qui peut charmer votre sexe, votre âge.
J'y sacrifiai tout! rien ne m'en dédommage.
J'ai même jusqu'ici toujours fermé les yeux
Sur mon dérangement, qui devient dangereux.
   Vous le savez; par désordre, folie,
Vous avez dissipé la plus grande partie
De votre bien, du mien. Je me disais souvent :
Qui ne consentirait d'échanger de l'argent
Contre le bonheur pur de plaire à ce qu'on aime !
   Un trésor semble à charge même
A qui n'en sait pas faire un aussi doux emploi !
Je serai, sans jamais regretter l'opulence,
Riche de son bonheur... de sa tendre constance...
Qui jamais sur ce point, fut plus trompé que moi ?

    Mad. DE LURCÉ.

  Ah! si plutôt j'eusse été prévenue,
   La première vous m'auriez vue,
En prenant un parti, dicté par la raison,
Réformer ma dépense et même ma maison.
Mais vous avez voulu dans cette circonstance,
   Calculant votre complaisance,
Pour mieux suivre vos goûts, ne point gêner les miens.
   On conçoit bien tous ces moyens
Que l'infidélité dicte à l'indifférence.
   Un dangereux aveuglement
M'a fait vous entrainer dans le dérangement ;
Et si je l'ai causé, c'est bien par ignorance.
   Certes, j'en donne ici ma foi;
   Parmi tous vos torts envers moi,
Celui que j'ai cité me fut le plus sensible.

Lurcé, vous avez cru possible
Que mon cœur déchiré par un triste abandon
Pourrait trouver quelque distraction,
Dans les plaisirs et le luxe inutile
Dont la frivolité fait toujours son bonheur,
Qui pour l'ame sensible est un songe trompeur.
Vous avez cru qu'il vous serait facile
D'étourdir mes chagrins. Eh bien, apprends, ingrat,
Que si j'ai recherché les suffrages, l'éclat,
Ce fut par une ruse innocente, ordinaire,
Dans l'espoir de devoir ton assiduité
Non pas à ton amour, mais à ta vanité.

LURCÉ, *à part.*

L'espoir en moi peut-il renaître ?
L'ai-je bien entendu ? Non, mon cœur n'est plus maitre
D'un aussi doux transport !... Pourquoi le retenir ?

(*A Madame de Lurcé.*)

Parle : Réponds à mon ame empressée,
Tu peux d'un mot expliquant ta pensée,
Effacer tous nos maux, charmer notre avenir.

Mad. DE LURCÉ.

Je n'ai voulu que me défendre ;
Ne vous y trompez pas : même en cessant d'aimer,
On cherche à se faire estimer.
Pour ma chaîne ! jamais je ne puis la reprendre.

LURCÉ.

Jamais !....

Mad. DE LURCÉ.

Non, non.... jamais. Je connais vos détours,
L'adresse de tous vos discours.
Il faut nous séparer.

LURCÉ.

Soit, c'est bien mon envie.
Mais pour me satisfaire, avec vous je parie
Que vous ne pourriez pas me citer un seul tort.

Mad. DE LURCÉ.

Il faudrait pour cela, faire un si grand effort....
Sans parler du passé, daignerez-vous me dire
Qui vous a fait dans ce moment d'éclat
Choisir Volny pour avocat ?

LURCÉ.

J'aurais peine à vous en instruire ;
Le hasard m'a servi mieux que je ne croyais.
De lui, quelques raisons m'avaient fait me défendre ;
Mais il séduit dès qu'on a pu l'entendre :
Eh! que vous fait ce choix ?

Mad. DE LURCÉ.

Ah! Lurcé, j'espérais
Que vous ne pourriez pas joindre encore l'ironie
A la dissimulation.

LURCÉ.

Je ne vous comprends pas.

Mad. DE LURCÉ.

Et par quelle manie
Rappeler dans votre maison,
Un homme qu'un parti très-sage
Me porte à ne plus voir, depuis mon mariage ?

LURCÉ.

Vous connaissez Volny ?

Mad. DE LURCÉ.

Ah! c'est pousser trop loin

Un calcul offensant pour ma délicatesse.
Quel est donc votre but? Ai-je pris aucun soin
De voiler à vos yeux le passé? — Sa tendresse
Fut-elle un crime, avant que je prisse un époux?!

LURCÉ.

Ah! que voulez-vous dire? ô ciel! expliquez-vous.
  Il fallait donc croire ce qu'on me mande
Par un secret écrit.

   Mad. DE LURCÉ.

      Faut-il que je descende
A la ruse pour vous tromper?

  LURCÉ, *à part.*

  Ah! de quel coup elle vient me frapper!
Pourquoi m'avoir caché que vous lui fûtes chère?
Pourquoi dans cet instant craindre de le revoir?
  (*Volny paraît à la porte entrouverte.*)
  Je le devine : il sut vous plaire!
   Mad. DE LURCÉ.
Je pourrais l'avouer sans blesser mon devoir.
VOLNY, *rentrant dans le cabinet, et refermant*
    la porte.
Ciel!
  LURCÉ, *regardant du côté du cabinet.*
  Mais au moins plus bas, dites-le donc, Madame.
   Mad. DE LURCÉ.
Eh, ne pouvais-je pas disposer de mon ame?
  Pour moi, ses soins eurent-ils des attraits?
Il ne l'a jamais su, ne le saura jamais.
LURCÉ, *cherchant à éloigner sa femme du cabinet.*
Mais paix donc.

Mad. DE LURCÉ.

Eh pourquoi?

LURCÉ, *regardant le cabinet.*

J'ai mes raisons peut-être.

Mad. DE LURCÉ.

Sans prétendre les connaître,
J'ai les miennes aussi pour dire avec candeur
Tout ce qui s'est passé.... Longtems avec ardeur
Volny sut rechercher et ma main et mon cœur.....

LURCÉ.

(*A part.*)

Je ne veux rien savoir. Ah! je suis au supplice!
Cessons cet entretien.

Mad. DE LURCÉ.

Souffrez que je finisse.
Sur tous les points Volny m'eût convenu,
Cet hymen se serait conclu.
Mais alors son peu de fortune
Rendit à mes parens, sa recherche importune.
En vain je combattis, il fallut bien céder;
A ne plus le revoir même me décider.
Puisque par un billet on sut vous en instruire,
Votre but est prouvé; je le dérange un peu
Par un aussi sincère aveu.
Au plus grand embarras vous comptiez me réduire.
N'ayant rien su dissimuler,
Je reverrai Volny sans me troubler.
De m'accabler vous n'aurez pas la gloire,
Renoncez à cette victoire:
Oui, je conçois quels seront vos regrets.

A

A quoi vont aboutir vos coupables projets?
A détruire pour vous mon amour, mon estime;
Vous le méritez bien!

LURCÉ.

Osez me faire un crime
D'être né sensible, jaloux!
Sans nul embarras, dites-vous,
Vous reverrez Volny?... Vous en fîtes l'épreuve;
Vous le vîtes sans moi : vous m'en donnez la preuve.
Osez me le nier.

Mad. DE LURCÉ.

Et quand cela serait?
Devinez-vous quel but me conduisait?

LURCÉ.

Ah! mais sans doute une heureuse finesse
Peut y peindre avec art votre délicatesse.

Mad. DE LURCÉ.

Ah! quel outrage!

LURCÉ.

Avoir pu me trahir!
Hélas, quand mon ame oppressée
Ne pouvait pas soutenir la pensée
De voir briser nos nœuds, c'était tout son désir.
Plus d'accords, c'en est fait!

Mad. DE LURCÉ.

Oûi, rompons une chaîne
Que tous les deux nous supportons à peine.

LURCÉ.

C'est combler votre espoir! mais ce même Volny,
Qui paraissait un modèle acccompli

C

D'esprit, de talent, de finesse
Dont je crois deviner le détour plein d'adresse.
(*Il élève la voix du côté du cabinet.*)
Ce Volny, dont il faut reconnaître le soin,
Restera de ceci la cause et le témoin ;
S'il triomphe, il verra que je vous abandonne
Sans regrets, sans chagrins, puisqu'enfin il me donne
Le moyen de connaître, avec tranquillité,
Une tardive et dure vérité.

Mad. DE LURCÉ.

Je jouirai ! lorsque dans sa présen-
(*Il fait quelques pas pour sortir.*)
Je pourrai l'emporter sur votre indifférence.

LURCÉ, *revient.*

Dans mon dessein rien ne peut m'ébranler.

Mad. DE LURCÉ.

Ne croyez pas qu'on puisse encore me rappeler.

LURCÉ.

Je sors pour rapporter un acte nécessaire,
Et terminer cette cruelle affaire.
Celui dont le talent va rompre vos liens
Peut vous en proposer de plus chers que les miens.
(*Il sort.*)

Mad. DE LURCÉ.

Pour supporter un si sensible outrage,
Mon cœur ne trouve plus ni force, ni courage.
(*Elle rentre chez elle au désespoir.*)

SCÈNE XI.

VOLNY, *seul. Il sort du cabinet.*

De tous mes soins! quoi voilà donc le fruit?
Pour m'accabler, ah! tout se réunit!
Que puis-je faire en cette circonstance?
  Consultons bien ma conscience.
J'adore encor Madame de Lurcé....
Dans mes mains le hasard a mis sa destinée :
Que je dise un seul mot, elle est abandonnée....
  Ah! j'y suis trop intéressé!...
Mais cependant il semble que leur chaine
  N'est que pesante pour tous deux!
  Quand par devoir seul on la traine
  Elle n'est qu'un supplice affreux...
Mais est-ce à moi, dans cette circonstance,
  De faire pencher la balance....

(*Il reste sur le devant du théâtre, abimé dans ses réflexions.*)

SCÈNE XII.

VOLNY, Mad. DE LURCÉ, *sort de chez elle, et court du côté de l'appartement de son mari.*

Mad. DE LURCÉ, *dans le fond du théâtre.*

Il est parti : tout espoir est perdu!
Peut-être est-ce ma faute! il m'eût été rendu

Si j'avais su calmer sa Jalousie!
Non, après lui je suis partie,
(*A Volny.*)
Il ne m'écoutait plus. Où donc est mon époux?
VOLNY.
Je l'attends ici comme vous.

SCÈNE XIII.
Mad. DE LURCÉ, M. DE LURCÉ, VOLNY.

LURCÉ, *paraît, dans le fond, des papiers à la main; fait quelques pas, et voyant Volny, il s'arrête.*

Il est resté!... Tous deux se concertent ensemble.
Que je le hais!... C'est moi qui les rassemble.
(*Ils restent tous trois en silence, se regardant avec embarras.*)
(*Lurcé est au milieu d'eux.*)
VOLNY.
Puisque par mille efforts toujours infructueux
On n'a pu me nuire à vos yeux,
A mon devoir resté fidèle,
Sans rien considérer, j'offre encor tout mon zèle.
LURCÉ.
Fort bien, je vous entends; ce motif est si pur...
Que vous devez être bien sûr
De tout l'excès de ma reconnaissance.
Mad. DE LURCÉ, *à part.*
Est-ce assez loin pousser l'offense!
LURCE, *à part vivement, s'avançant sur le devant du théâtre.*
Je ne sais qui me tient, qu'éclatent à leurs yeux

Je ne leur prouve enfin, leur complot odieux;
En le congédiant. Non, cachons ma souffrance.
(A sa femme.)
J'ai remis avec confiance
Tous mes intérêts à Volny.
On vante son esprit, son talent, sa science.
Vous approuvez qu'on l'ait choisi ?
Il sera notre arbitre.
Mad. DE LURCÉ, à part.
Hélas! que lui répondre ?
Refusons. — Par ce choix, il croirait me confondre.
(Haut.)
J'accepte. Assurément, on ne peut choisir mieux,
(A part.)
C'est me charmer! — Les pleurs viennent remplir mes yeux;
LURCÉ, vivement.
Au moins voilà de la franchise.
Ce qui me passe, moi, c'est comment on déguise,
Aussi longtems, ses penchans, ses désirs.
Mais que ne parliez-vous ?
Mad. DE LURCÉ.
Puisque tous vos plaisirs
Tenaient à ce moment, il fallait sans attendre
Le hâter!...
LURCÉ.
(à Volny.)
J'en conviens. Allons, voulez vous prendre
Ces papiers, ce contrat?
(Il donne les papiers à Volny qui les prend et se
place entre les époux.)

VOLNY.

Dans la discussion,
Mettez chacun la modération,
Qui convient à tous deux, ou laissons cette affaire.
Quel fruit est ce que l'on espère
Et du dépit, et de l'humeur?
Traitons ceci sans nulle aigreur.
Ah! renoncez à la cruelle idée....
(*A Mad. de Lurcé.*)

Mad. DE LURCÉ.

N'en parlons plus, la chose est décidée.

VOLNY (*à Lurcé.*)

Je voudrais bien pouvoir changer
Vos résolutions.

LURCÉ.

Non, non; c'est inutile.
Il faut prendre un parti, l'acte sera facile.

VOLNY, *au milieu.*

On ne peut donc pas s'arranger?
(*A Mad. de Lurcé.*)
Vous avez votre bien?

LURCÉ.

Et je veux le lui rendre;
J'y joindrai même....

Mad. DE LURCÉ.

Non: non, je dois m'en défendre.

LURCÉ.

Pourquoi?

Mad. DE LURCÉ.

Mon bien suffit.

VOLNY à Mad. de Lurcé.
La maison est a vous?
(A part.)
Parlons de leurs enfans, pour calmer leur courroux.
Comment nous déciderons nous?
(Haut.)
Vos enfans restent-ils?

Mad. DE LURCÉ.
Mon fils suivra son père.

LURCÉ.
Ma fille est plus heureuse. Elle suivra sa mère.

VOLNY, s'asseyant au bureau.
Je vous entends, et je crois être au fait.
Redigeons, un plan, à la hâte,
Et si vous l'approuvez, nous le mettrons au net.

LURCÉ.
Vous avez bien compris?

VOLNY.
Mais du moins je m'en flate.

Mad. DE LURCÉ.
Enfin donc, grace au Ciel, nous allons vivre heureux;
Nous aurions dû plutôt....

LURCÉ.
Sans doute.
Mais en se décidant à rompre de tels nœuds,
L'on craint de s'offenser!

Mad. DE LURCÉ.
Sûrement, on redoute,
Même en ne s'aimant plus, de ne plus s'estimer.

LURCÉ.
Il faut que je l'entende! et de sa bouche même....

L'un pour l'autre, le sort ne sut pas nous former.
Chérit-on un époux ? si rarement on l'aime !....

Mad. DE LURCÉ.

Ils sont tous, si constans ! si tendres....

VOLNY *toujours assis au bureau, au coin du théâtre à gauche.*

Ah ! demain,
Je crois que vos enfans auront bien du chagrin !

LURCÉ.

Je le crains !

Mad. DE LURCÉ.

Je le sens !...

VOLNY, *à part.*

Leur ame est attendrie
(*A Lurcé et à sa femme.*)
Ils s'aiment sûrement ?...

Mad. DE LURCÉ.

Tous deux à la folie !

VOLNY.

Ensemble ils espéraient passer toute leur vie ?

LURCÉ.

Ils vont se désoler !

VOLNY *se lève doucement, et vient au milieu d'eux.*

Ne les séparons pas.

LURCÉ, *à sa femme.*

Je vous laisse, mon fils. Au fait, de nos débats,
Il ne doit pas être victime.

Mad. DE LURCÉ, *à son mari.*

Que vous m'attendrissez !... Quel sentiment l'anime ?

VOLNY, *courant écrire à son bureau.*

Bien !

LURCÉ, *à Volny.*

Elle doit garder et ma fille et mon fils.

VOLNY. *Il lui montre l'acte.*

Exactement vous voyez que j'écris!...
Où comptez-vous loger?

LURCÉ.

Je n'en sais rien encore.
Ma sœur vit loin d'ici.

Mad. DE LURCÉ.

Oui, très-loin.

LURCÉ.

Et j'ignore
A quitter son quartier si je peux l'engager,
Ou si je vivrai seul.

Mad. DE LURCÉ.

Ce serait plus commode.

VOLNY.

Et vous pourriez vous rapprocher.

LURCÉ

De....

VOLNY, *à Mad. de Lurcé.*

Chez vous....

LURCÉ, *vivement.*

Sûrement. Car malgré la méthode
Des époux désunis; je viendrai... vous... chercher....
Vous me le permettez.

Mad. DE LURCÉ.

Avec reconnaissance!

LURCÉ.

Ah! croyez que la mienne....

Mad. DE LURCÉ.

      Attendez donc ; je pense
Que bientôt le vieux Dorimon,
Notre voisin....

LURCÉ.

Eh bien ?...

Mad. DE LURCÉ.

       Va quitter sa maison.

LURCÉ, *vivement.*

Cela serait charmant ! Il faut....

VOLNY, *vivement et toujours assis.*

       Vaine espérance
Il la cède à son fils !

LURCÉ.

    Quel fâcheux contretems ;
J'aurais eu de si doux momens !
Heureux, tout près de ma famille ;
A voir et mon fils et ma fille.
Et.... vous....

VOLNY.

     Fort bien !

Mad. DE LURCÉ.

      Oui, sans chevaux,
Le matin....

LURCÉ.

Ou le soir, les momens sont égaux ;
Quand on est à la porte, on s'en va, si l'on gêne.

VOLNY, *se levant et venant au milieu d'eux.*

  Si cela vous fait tant de peine,
Vous pourriez....

LURCÉ.

  Quoi ?

VOLNY.
Rester.
LURCE, *à sa femme.*
Me l'accorderiez-vous ?
Mad. DE LURCÉ.
Si vous le désiriez....
VOLNY, *courant à sa table.*
Ecrivons, hâtons nous.
LURCÉ, *à Volny.*
Vous me charmez.... nous logerons ensemble.
VOLNY, *en riant finement.*
Je fais un acte, ce me semble,
De séparation, je crois remplir vos vœux.
LURCÉ, *avec impatience.*
N'importe, rédigez, il est minutieux !
Ne faut-il pas nous détester tous deux ?
VOLNY, *à Mad. de Lurcé.*
De ce parti je suis d'antant plus aisé,
Que vous ne restez pas, je crois, fort à votre aise.
Mad. DE LURCÉ.
Je dois.
LURCÉ.
Beaucoup.
Mad. DE LURCÉ.
Mais, je m'acquitterai.
LURCÉ.
Comment ?
Mad. DE LURCÉ.
Comment ? j'emprunterai.

LURCÉ, *vivement.*

Mais à d'autres qu'à moi, songez que je l'exige,
Vous ne vous adresserez pas.

VOLNY.

Cela se doit.

LURCÉ.

Oui, je le veux, vous le dis-je.

Mad. DE LURCÉ.

Ah ! si j'étais dans l'embarras...

LURCÉ.

Dans l'embarras ou non, ma fortune est la nôtre.
Eh quoi, pourriez vous en douter ?

(*Courant à Volny.*)

Nos biens....

VOLNY, *écrivant.*

Sont en commun.

Mad. DE LURCÉ.

Quel projet est le vôtre ?

LURCÉ.

Je n'en sais rien.

Mad. DE LURCÉ.

Ni moi.

VOLNY, *se levant et apportant l'acte, il se place entre eux deux.*

Bon, daignez m'écouter.

(*A part.*)

En suivant mes projets, remplissons leur attente.

(*A Lurcé.*)

Cette rédaction est plus que suffisante
Pour établir des points, qu'il faudra discuter.

Voyons si votre cœur à présent persévère,
Si vous voulez toujours que vos nœuds soient brisés.
   Lirai-je ?

    Mad. DE LURCÉ.

   Mais....

    LURCÉ.

     Oui, qu'importe ? lisez,
puisque l'acte est écrit....

   VOLNY, *d'un ton soucieux.*

     C'est qu'il est fort sévère.

  (*Il lit.*)

   « Par-devant nous, etcétéra.
» Sont comparus.... dans la forme ordinaire :
  Le reste en blanc se remplira.

    LURCÉ.

Grace, mon cher, de ce préliminaire.

    VOLNY.

« Lesquels jugeant qu'entr'eux, tout paraît altérer
 » La confiance, et l'amour, et l'estime. »

   LURCÉ, *vivement.*

Retranchez cette expression.

   (*A sa femme.*)

Vous le voulez ?...

    Mad. DE LURCÉ.

    C'est bien là mon intention.

    VOLNY.

 « Ont résolu d'un accord unanime,
» De rompre leurs liens et de se séparer. »

LURCÉ *et sa femme, en soupirant ensemble.*
Se séparer !...
VOLNY.
En conséquence,
« Conviennent les susdits ; *primo* que désormais
(*Regardant les époux,*)
» Leurs torts voilés trop tard, d'une aimable indulgence,
» Seront de leur mémoire effacés pour jamais.
LURCÉ.
De tout mon cœur, je gagne à cet échange.
Mad. DE LURCÉ.
Nous pourrions disputer là-dessus.
VOLNY.
Franchement
Il me parait assez étrange,
Qu'un moment sérieux se passe en compliment.
LURCÉ.
Nous sommes ennemis à propos.
Mad. DE LURCÉ.
Oui, sans doute.
VOLNY.
Je poursuis donc.
LURCÉ.
Fort bien.
Mad. DE LURCÉ.
J'écoute.
VOLNY.
« Désirant néanmoins leur séparation,
» Ont résolu pour la rendre facile ;
» De demeurer unis, de biens, de domicile,
» D'esprit, de cœur, d'intention. »

LURCÉ, *se rapprochant.*

Parfaitement !

Mad. DE LURCÉ, *se rapprochant.*

Cet acte m'intéresse.

VOLNY.

« Elle, nous déclarant, qu'à compter de ce jour,
» Elle veut désormais, mériter la tendresse
» De celui que longtems négligea son amour. »

Mad. DE LURCÉ.

Volny....

LURCÉ, *à sa femme.*

Le blâmez vous ?

VOLNY.

« L'époux fixé près d'elle
» Veut suivant à la fois son devoir, son désir,
» Qu'un sentiment tendre et fidèle
» L'enchaine à ses vertus par les nœuds du plaisir. »

Vous voyez qu'à présent, nos formes sont fleuries.

LURCÉ, *à Volny.*

Vous m'avez deviné, vous comblez tous mes vœux !

Mad. DE LURCÉ.

Je suis émue, étonnée, attendrie !

LURCÉ, *à Volny.*

Vous êtes notre ami, notre ami généreux.

Mad. DE LURCÉ.

Je jouis d'un bonheur, égal à ma tendresse.

LURCÉ, *passant devant Volny, se jète aux pieds de sa femme, et prend le contrat des mains de Volny qui recule d'un pas.*

Ajoutez qu'à ses pieds, aux pieds de ma maîtresse,

J'ai signé ce contrat, j'ai juré d'être heureux !

(*Il se lève, et montre Volny qui est resté attendri à sa place.*)

Jamais l'esprit eut il un but plus estimable !

Mad. DE LURCE.

L'hymen, un avocat, plus sûr et plus aimable !

VOLNY, *au milieu d'eux, les prenant par la main, et les approchant du premier plan de la scène.*

A ses lieux quand on peut revenir,
On suit toujours le parti le plus sage,
Vous vous aimez, j'ai dû vous réunir ;
Dissipez le léger nuage,
Qui vous cachait le plus doux avenir.
Non, je ne vois nul mérite à mon zèle,
A l'honneur seul je suis fidèle !
Jamais un honnête homme, en consultant son cœur,
De deux epoux, n'a troublé le bonheur.

FIN.

De l'Imprimerie de HAUTBOUT.

www.ingramcontent.com/pod-product-compliance
Lightning Source LLC
LaVergne TN
LVHW022212080426
835511LV00008B/1719